Thea Sommers

GROSSE KÜCHEN-BIBLIOTHEK

Köstliche Salate & Dressings

Sonderausgabe

Ein wahrer Verwandlungskünstler, das ist der Salat. Nicht nur die raffiniertesten Salatsaucen geben ihm immer wieder eine neue Geschmacksnuance, sondern auch die Zusammenstellung der appetitlichsten Zutaten.

Blattsalate eignen sich für köstliche Kombinationen: mit Gemüse, Obst, Käse, Fleisch, Fisch, Geflügel und, und, und ... Es können einfach alle Vorlieben berücksichtigt werden, und so wird der Salat einmal zur individuellen Vorspeise, ein anderes Mal zum bekömmlichen Hauptgericht oder zur stilvollen Beilage.

Essig, Öl, Gewürze und Kräuter machen den Salat schließlich noch wertvoller ... aber probieren Sie es doch einfach selbst mit „Lammsalat Dakota", „Pastasalat mit Huhn und Mango" oder „Feldsalat mit Walnuß-Gorgonzola-Dip".

Alle Salat- und Dressingrezepte sind leicht nachzumachen. So wünsche ich Ihnen viel Spaß bei der Zubereitung und guten Appetit!

Ihre

Thea Sommer

Inhalt

Mengen & Gewichte

1 Eßlöffel entspricht:

Butter	15 g	Speisestärke	10 g
Haferflocken	5 g	Reis	20 g
Kaffee (gemahlen)	5 g	Salz	9 g
Kakaopulver	5 g	Schmalz	17 g
Mehl	10 g	Zucker	15 g

1 Teelöffel entspricht:

Kaffee (gemahlen)	2 g	Salz	3 g
Kakaopulver	3 g	Speisestärke	5 g
Mehl	4 g	Zucker	4 g

Pro Person werden folgende Mengen empfohlen:

150 g Salat als Vorspeise oder Beilage	300 g als Hauptspeise
100 g Fleisch für Salat als Vorspeise	150 g als Hauptspeise
120 g Fisch für Salat als Vorspeise	160 g als Hauptspeise
50 g Meeresfrüchte für Salat als Vorspeise	80 g als Hauptspeise
50 g Käse für Salat als Vorspeise	80 g als Hauptspeise

Abkürzungen

Bd.	=	Bund	kg	=	Kilogramm
cl	=	Zentiliter	KH	=	Kohlehydrate
EL	=	Eßlöffel	kJ	=	Kilojoule
EW	=	Eiweiß	l	=	Liter
F	=	Fett	ml	=	Milliliter
g	=	Gramm	Msp.	=	Messerspitze
kcal	=	Kilokalorien	TL	=	Teelöffel

Alle Rezepte sind für 4 Personen berechnet. Ausnahmen wurden vermerkt.
Die Nährwert- und Kalorienangaben verstehen sich pro Person.
Bei den angegebenen Zubereitungs- und Garzeiten handelt es sich um Zirkawerte.

Warenkunde

Warenkunde

Salat – gesunder und wohlschmeckender Bestandteil unserer täglichen Ernährung.

Vor nicht allzu langer Zeit galt Salat meist nur als vitaminreiches Beiwerk zum Hauptgang. Zarte Salatblätter wurden nicht selten in einer säuerlichen, verwässerten Sauce ertränkt, Gurken- oder Kartoffelsalate von einer mächtigen Mayonnaise erschlagen. Doch diese Zeiten sind vorbei: Salate haben ihr Schattendasein beendet und sind zu einer echten Bereicherung unserer Nahrung geworden. Nicht nur als knackige Beilage, sondern auch als appetitanregende Vorspeise bis hin zu herrlich bunten Kompositionen finden Salate immer mehr Anhänger.

Salatsorten

Es gibt eine Vielzahl von Salatsorten. Sinnvoll erscheint eine Einteilung in Blattsalate, in Salate aus rohem und in Salate aus gegartem Gemüse.

Blattsalate

Chicorée: Wird vom Tageslicht abgeschirmt gezüchtet, deshalb die helle Farbe.
Chicorée schmeckt leicht bitter, es empfiehlt sich, den Strunk großzügig abzuschneiden. Frischer Chicorée ist geschlossen, von weißer Farbe, die Blattspitzen sind hellgelb.
Chinakohl: Kompakter Wintersalat, den man auch als Gemüse zubereiten kann. Chinakohl eignet sich hervorragend als Gemüse für asiatische Gerichte.
Eichblattsalat: Besitzt dunkelgrüne bis rötliche, gewellte Blätter; seinen Namen hat er von der Ähnlichkeit zu den Blättern der Eiche. Er läßt sich gut mit anderen Salaten kombinieren.
Endivie: Leicht bitterer Wintersalat mit gezackten Blatträndern. Läßt sich gut mit Kartoffelsalat kombinieren.
Feldsalat: Kleinblättriger Wintersalat; gut waschen, da er manchmal recht sandig ist. Feldsalat sollte möglichst rasch zubereitet werden, er verträgt keine lange Lagerung. Sehr gut harmoniert der Salat mit kräftigen Essigsorten und Walnußöl. Auch unter den Namen Rapunzel oder Ackersalat bekannt.
Frisée: Innen gelb, die äußeren, krausen Blätter sind hellgrün; feiner, leicht bitterer Salat, der gut mit anderen Sorten kombinierbar ist. Dickere Blattrippen wegen der Bitterstoffe entfernen. Man nennt ihn auch krause Endivie.
Kopfsalat: Der klassische „grüne" Salat; möglichst rasch zubereiten, sonst wird er welk. Freilandware ist etwas fester im Biß.
Garten- und Brunnenkresse: Beide von leicht pfeffrigem Geschmack, auch als Würzkräuter zu verwenden. Vorsichtig waschen und auf Küchenkrepp abtropfen lassen.
Lollo Rosso: Die weinroten, krausen Blätter lassen sich ausgezeichnet mit anderen Blattsalaten kombinieren.
Radicchio: Weinroter Salat mit weißen Rippen; herzhaft bis leicht bitter. Wird gerne für italienischen gemischten Salat verwendet.
Romana: Länglicher Blattsalat, der auch noch dann knackig bleibt, wenn er mit heißen Zutaten in Berührung kommt. Deshalb auch als Kochsalat bekannt; Lattich oder Römischer Salat sind ebenfalls gängige Bezeichnungen.

Salate aus rohem Gemüse

Rohes Gemüse enthält wesentlich mehr Vitamine als gegartes. Deshalb sollte immer ein gewisser Anteil als Rohkost bzw. als Salat gegessen werden. Ausnahmen: grüne Bohnen und Waldpilze. Rohe Waldpilze sind unbekömmlich, rohe grüne Bohnen enthalten einen natürlichen Giftstoff, der erst durch ausreichendes Garen unschädlich gemacht wird. Grüne Bohnen vor dem Verzehr also mindestens 5 - 8 Minuten kochen.
Champignons: Heller Zuchtpilz; möglichst nicht waschen, sondern nur vorsichtig abreiben. Pilze gehören im eigentlichen

Sinne nicht zum Gemüse, sie bilden eine eigene botanische Gruppe. Champignons lassen sich auch durch Egerlinge ersetzen, die in der Farbe etwas dunkler sind.

Fenchel: Mitteleuropäisches Knollengemüse mit ausgeprägtem Geschmack; angeschnittenen Fenchel mit Zitronensaft beträufeln, damit sich die Schnittstellen nicht verfärben. Zartes Fenchelgrün waschen und mitverwenden. Reich an Vitamin C und E.

Gurken: Sehr kalorienarm, mineralstoff- und vitaminreich zugleich. Biologisch angebaute Gurken braucht man nicht zu schälen.

Kohlrabi: Reich an Vitamin C und Mineralstoffen; zarte Blätter unbedingt mitverwenden. Da älterer Kohlrabi leicht holzig wird, am besten jungen kaufen.

Möhren: Seit Jahrtausenden beliebt, mit höchstem Karotingehalt aller Gemüsesorten. Karotin wird allerdings nur in Verbindung mit Fett vom Körper aufgenommen. Möhren sind das ganze Jahr über erhältlich.

Paprika: Der Vitamin-C-Gehalt ist 10mal so hoch wie bei Zitronen. In rot, grün oder gelb erhältlich. Scheidewände und Kerne vor dem Verzehr entfernen.

Radieschen: Kleine, rote Verwandte des Rettichs. Gründlich waschen, Blätter und Wurzeln abschneiden.

Rettich: Vor der Verwendung gut säubern und schälen. Darf im Sommer beim Biergartenbesuch nicht fehlen.

Sellerie: Als Knolle Bestandteil des „Suppengrüns"; Staudensellerie für die mediterrane Küche. Beim Einkauf auf grüne Blätter achten, gelbe sind ein Zeichen für welke Ware.

Spinat: Sollte mehrmals gründlich gewaschen werden; kein zweites Mal aufwärmen. Für Salat eignet sich der zartere Blattspinat besser als Wurzelspinat.

Tomaten: Aromatisches Sommergemüse; nicht im Kühlschrank lagern. Auf Saison achten, da Tomaten aus dem Treibhaus geschmacklich wenig zu bieten haben. Sehr lecker, aber nicht ganz billig: Kirsch- oder Cocktailtomaten.

Zucchini: Kürbisgewächs, kalorienarm und leicht verdaulich; die gelben Zucchiniblüten erfreuen sich in unserer Küche immer größerer Beliebtheit. Zucchini dürfen nicht zu groß sein, kleine sind aromatischer.

Zwiebeln: Meist als Salatzutat verwendet; braune Haushaltszwiebeln sind sehr kräftig im Geschmack, die kleineren Schalotten milder und zum rohen Verzehr besser geeignet. Weiße Zwiebeln haben ein leicht süßliches Aroma.

Salate aus gegartem Gemüse

Vor dem Garen wird das Gemüse geputzt und gewaschen, dann wird es nach Bedarf kleingeschnitten. Bei starker Hitze ankochen und bei reduzierter Temperatur zugedeckt weiterköcheln lassen. Gemüse sollte nicht zu weich gekocht werden, sondern noch Biß haben. So schmeckt es besser, und der Nährstoffverlust ist nicht zu groß. Manche Vitamine sind wasserlöslich, so daß sie durch langes Kochen aus dem Gemüse herausgespült werden. Aus dem gleichen Grund darf man es zum Säubern nicht im Wasser liegenlassen, sondern sollte es kurz, aber gründlich unter fließendem Wasser reinigen. Durch langes Warmhalten verliert Gemüse ebenfalls wertvolle Nährstoffe. Möglichst immer nur die Mengen kochen, die auch wirklich gegessen werden.

Artischocken: Distelgewächs mit fleischigem Boden; unbedingt das flauschige Heu vor dem Verzehr entfernen.

Bohnen: In verschiedensten Formen und Farben erhältlich; häufig getrocknet oder in Dosen.

Rote Bete: In der Schale garen, sonst bluten sie aus; beim Kleinschneiden Gummihandschuhe tragen. Auch als rote Rübe bekannt.

Blumenkohl: Beim Garen einen Spritzer Zitronensaft zufügen, so bleibt er schön weiß. Vor dem Kochen mit dem Strunk nach oben für ca. 2 Minuten in kaltes Salzwasser legen, um kleine Insekten zu entfernen.

Brokkoli: Eine Kohlart, dessen Stiele man mitessen kann. Verwandter des Blumenkohls, hat aber keinen so festen Kopf.

Erbsen: Gibt es in vielerlei Formen, die bekanntesten: grüne, braune und die Kichererbsen. Leider ist frische Ware nicht oft erhältlich, da der größte Teil zu Tiefkühl- und Konservengemüse verarbeitet wird.

Kartoffeln: Zählen zu unseren wichtigsten Grundnahrungsmitteln; in zahlreichen Geschmacksrichtungen und Kochtypen. Für Salate eignen sich am besten die festkochenden Sorten.

Kohl: Meist Bezeichnung für „Weißkohl"; auch sehr beliebt: Rotkohl und Wirsing.

Linsen: Gibt es nur getrocknet zu kaufen; bestes Aroma und kurze Garzeit haben die kleinen roten Linsen.

Mais: Eigentlich eine Getreidesorte; geschmacklich etwa wie Erbsen. Angeboten wird er als frischer Maiskolben und als Maiskörner in Dosen.

Spargel: Feines Gemüse für die exquisite Küche; hervorragend zu gedünstetem Fisch oder einfach nur mit zerlassener Butter.

Keime und Sprossen

Längst sind Keime und Sprossen fester Bestandteil an der Salatbar geworden. Man kann sie aber auch selber ziehen, wenn man einige wenige Grundregeln bezüglich Einweichen, Spülen, Temperatur und Keimdauer beachtet. Beliebte Sprossen sind beispielsweise Alfalfa, Weizen- oder Sojasprossen.

Zutaten

Das Geheimnis jedes guten Salates liegt in seiner ganz individuellen Sauce oder Marinade. Hierzu verwendet man möglichst nur Zutaten bester Qualität. Je edler und würziger der Essig oder das Öl sind, desto schmackhafter und raffinierter wird der Salat. Mit Salz sollte sparsam umgegangen werden, verschiedene Kräuter können es fast ersetzen.

Essig

Der bekannteste Vertreter dürfte der **Weinessig** sein. Egal ob aus Weiß- oder Rotwein hergestellt, läßt er sich durch verschiedene Ingredienzen hervorragend aromatisieren. Mit Kräutern wie Thymian, Basilikum, Rosmarin, Estragon und Salbei oder durch Knoblauch wird Essig zum wahren Verwandlungskünstler. Auch Früchte, wie zum Beispiel Himbeeren, verleihen ihm ein unverwechselbares Aroma.

Erheblich kräftiger im Geschmack ist **Sherryessig**, er sollte demnach auch eher für deftige Salate verwendet werden. Inzwischen zum Klassiker geworden ist der **Obstessig:** aus reinem Apfelwein hergestellt, ein milder und bekömmlicher Alleskönner.

Aus der italienischen Küche stammt der Balsamessig: „Aceto balsamico" – er ist unvergleichlich sanft im Geschmack. Seine feine Milde und die dunkle Farbe machen aus Salaten ein kulinarisches Ereignis.

Öl

Ebenso wie guter Essig hat auch gutes Öl seinen Preis. Jedoch genügen oft ein paar Tropfen, um eine tolle Salatsauce herzustellen. Gute Salatöle haben einen hohen Anteil an ungesättigten Fettsäuren; dazu gehören in erster Linie **Sonnenblumenöl, Distel-** und **Maiskeimöl**.

Durch **Kürbiskernöl**, **Walnuß-** oder **Traubenkernöl** erhalten Salate ein unnachahmliches Aroma. Diese Öle sollten weitestgehend naturbelassen und möglichst schonend hergestellt sein. Im Handel werden sie dann als „kaltgepreßt" oder „unraffiniert" verkauft.

Sesamöl ist so geschmacksintensiv, daß man es nur tropfenweise verwenden sollte. Noch ein Wort zum **Olivenöl**: Beste Qualität und feinsten Geschmack besitzt Olivenöl aus der ersten Kaltpressung. Für dieses wertvolle Öl werden die noch nicht ganz ausgereiften Früchte per Hand mit einem „Olivenkamm" von den Bäumen geerntet. Preiswerteres Olivenöl wird aus vollreifen Früchten hergestellt, die von den Bäumen direkt in spezielle Netze fallen.

Kräuter

Ein Salat ohne Kräuter ist wie eine Suppe ohne Salz. Deshalb sollte man immer ein paar frische Kräuter zur Hand haben; sie sorgen für Würze und Vitamine. Immer erst kurz vor dem Gebrauch pflücken oder abschnei-

den, kurz waschen und abtropfen lassen.

Basilikum: Hervorragend für Tomatensalat geeignet. Paßt gut zu Knoblauch und Rosmarin.

Dill: Unentbehrlich für Gurken- oder Meeresfrüchtesalat. Verträgt sich gut mit anderen Kräutern.

Petersilie: Aus der heutigen Küche nicht mehr wegzudenken. Ein Universalkraut, das jedem Salat ein dezentes Aroma verleiht.

Schnittlauch: Harmoniert mit allen Salaten, die mit Zwiebeln angemacht sind, mit Eier- und Fleischsalaten. Wie Petersilie das ganze Jahr über erhältlich.

Thymian: Verleiht Salaten ein südländisches Flair, vorzugsweise für Tomaten und Schafskäse. Gut zu kombinieren mit Zwiebeln und Lorbeer.

Minze: Ihr erfrischender Geschmack ist vor allem in Verbindung mit Obstsalaten begehrt.

Salbei: Da sehr intensiv, sparsam verwenden für Fisch- oder Geflügelsalate. Verträgt sich gut mit Thymian.

Knoblauch: Wer es kräftig mag: die Zehen durch eine Knoblauchpresse drücken; weniger intensiv ist Knoblauch, wenn man die Salatschüssel mit einer aufgeschnittenen Knoblauchzehe ausreibt. Grundsätzlich: Je feiner der Knoblauch zerteilt wird, desto kräftiger wird der Geschmack.

Bei der Verwendung von Kräutern sollte man sich immer auf eine oder zwei Sorten beschränken, da nicht alle miteinander geschmacklich harmonieren.

Salatmarinaden

Neben den beliebten Essig-Öl-Marinaden lassen sich Salatsaucen auch auf andere Weise herstellen. Für Salate aus gekochtem Gemüse, aus Fleisch, Nudeln, Reis oder Kartoffeln eignen sich Saucen, die auf Mayonnaisebasis, mit Sahne oder mit Joghurt angemacht werden. In diesem Fall sollten die Salate vor dem Servieren etwas durchziehen. Marinaden grundsätzlich als Verfeinerung betrachten und dezent einsetzen. Sie sollen den Geschmack eines Salates unterstreichen und nicht überdecken. Deshalb immer sorgfältig abschmecken und sparsam dosieren.

Tips rund um den Salat

Einkauf

Hier gilt die Faustregel: Salate stets erntefrisch einkaufen und möglichst rasch verarbeiten. Frische Blattsalate erkennt man an straffen, glänzenden Blättern. Sie dürfen keine Druckstellen aufweisen und sollten fest und geschlossen sein. Frische Salatgurken, Paprika oder Zucchini fühlen sich fest an, haben keine runzelige Haut. Das gleiche gilt für Tomaten, Auberginen und Möhren. Grundsätzlich kauft man die beste und auch günstigste Ware entsprechend der Saison. Spargel zu Weihnachten ist ebenso wenig zu empfehlen wie Feldsalat im Juli. Freilandgemüse ist in jedem Fall Treibhausware vorzuziehen, da es mit weniger Schadstoffen belastet ist. Biologisch angebautes Gemüse hat nachweislich den geringsten Schadstoffanteil.

Tiefkühlkost ist eine akzeptable Alternative zu frischem Gemüse. Industriell tiefgekühltes Gemüse behält mehr Vitamine als jenes, das in der heimischen Tiefkühltruhe selbst eingefroren wurde.

Lagerung

Bis zur Verwendung lagert man die Salate locker verpackt, am besten im Gemüsefach des Kühlschrankes oder im Keller. Tomaten allerdings bei Zimmertemperatur aufbewahren, da sie im Kühlschrank ihr Aroma verlieren. Auch hier gilt: Salate so frisch wie möglich verzehren und nicht auf Vorrat einkaufen.

Das Einfrieren bietet die Möglichkeit, Gemüse über etwa ein halbes Jahr zu konservieren. Vor dem Einfrieren muß das Gemüse blanchiert werden. Dazu wird es vorher gesäubert und etwas zerkleinert. Anschließend gibt man es für 1 - 2 Minuten in kochendes Salzwasser und schreckt es schließlich mit eiskaltem Wasser ab. So behält das Gemüse seine frische Farbe. Gut abtropfen lassen und luftdicht verpackt einfrieren.

Tomaten, Kartoffeln, Salate und Kräuter sind für diese Methode allerdings nicht geeignet.

Vorspeisen & Zwischengerichte

Blattsalate mit Kräutervinaigrette

(für 2 Personen)

Zutaten

je ein kleiner Kopf Friséesalat, Eichblattsalat und Kopfsalat,
1 Salatgurke,
2 mittelgroße Möhren

Für die Vinaigrette:
2 Tomaten,
1 Bd. Basilikum,
1 Bd. Schnittlauch,
3 EL Sojasauce,
3 EL Sherryessig,
100 ml Olivenöl

Zubereitungszeit: 20 Minuten

EW	F	KH	kcal/kJ
12 g	57 g	23 g	679/2846

Salate waschen und zerpflücken. Salatgurke schälen, halbieren, Kerne entfernen und Gurke in Scheiben schneiden. Möhren in feine Stifte zerteilen.

Für die Vinaigrette Tomaten kurz in heißes Wasser geben, abschrecken, häuten und entkernen, in kleine Würfel schneiden. Kräuter hacken.

Sojasauce, Essig und Öl verrühren. Kräuter und Tomatenwürfel dazugeben.

Salat anrichten und Vinaigrette darübergießen.

Zuckerschoten-salat

Zutaten

350 g Zuckerschoten,
Salz,
1 kleiner Kopf Friséesalat,
2 Lauchzwiebeln,
200 g Sherrytomaten,
100 g Frühstücksspeck

Für das Dressing:
1 Knoblauchzehe,
Saft von 1 Zitrone,
6 EL Öl, Pfeffer, Zucker

Zubereitungszeit: 15 Minuten

EW	F	KH	kcal/kJ
6 g	10 g	90 g	480/2016

Zuckerschoten in reichlich kochendem Salzwasser ca. 3 Minuten blanchieren. Schoten kalt abschrecken und gut abtropfen lassen.
Friséesalat in mundgerechte Stükke zupfen.
Lauchzwiebeln in feine Ringe schneiden, die Tomaten vom Strunk befreien und vierteln.
Den Frühstücksspeck in einer beschichteten Pfanne knusprig braun auslassen. Speck abkühlen lassen und dann in feine Stücke schneiden.
Für das Dressing Knoblauch schälen, fein hacken und mit den restlichen Zutaten verrühren und abschmecken.
Die vorbereiteten Salatzutaten mit der Salatsauce mischen und auf Tellern anrichten.

Spinatsalat mit Äpfeln und Nüssen

Zutaten

200 g junge Spinatblätter,
3 Äpfel,
2 Eier,
3 EL Erdnußkerne

Für das Dressing:
1 Schalotte,
1/2 Becher saure Sahne,
2 EL Crème fraîche,
Salz, Pfeffer,
Curry

Zubereitungszeit: 20 Minuten

EW	F	KH	kcal/kJ
8 g	18 g	13 g	247/10

Spinat waschen, Blätter einz zupfen. Äpfel waschen, vom Ke gehäuse befreien und in dür Stifte schneiden.
Die Eier hart kochen, abküh lassen, pellen und in kleine W fel schneiden.
Für das Dressing die Schalotte fein hacken und mit den restlichen Saucenzutaten verrühren. Mit den Gewürzen nach Belieben abschmecken.
Spinatblätter und Apfelstifte mischen, die Sauce vorsichtig unterziehen.
Salat anrichten und vor dem Servieren mit Erdnußkernen und Eierwürfeln bestreuen.

Mein Tip
Noch pikanter wird das Dressing, wenn Sie es zusätzlich mit Tomaten- oder Curry-Ketchup abschmecken.

Herbstsalat

Zutaten

1 kleine Sellerieknolle,
1 TL Zitronensaft,
3 säuerliche Äpfel,
2 Birnen,
100 g Allgäuer Emmentaler,
1 Scheibe Vollkorntoast,
1 EL Butter,
10 Walnußhälften

Für das Dressing:
1 EL Rotweinessig,
Salz, Pfeffer, 1 Prise Zucker

Zubereitungszeit: 20 Minuten
Marinierzeit: 30 Minuten

EW	F	KH	kcal/kJ
14 g	35 g	24 g	468/1957

Sellerie schälen und in streichholzlange Streifen schneiden. Mit Zitronensaft beträufeln und 30 Minuten stehen lassen. Äpfel und Birnen waschen, vierteln, Kerngehäuse entfernen. Ein Viertel der Äpfel sehr fein raffeln, den Rest in Scheiben schneiden. Emmentaler und Vollkorntoast würfeln, Brotstücke in heißer Butter knusprig braun braten.
Die Hälfte der Walnüsse hacken.
Für das Dressing den Essig mit den Gewürzen verrühren und die geriebenen Äpfel unterheben. Alle Salatzutaten hinzugeben, vorsichtig mischen und mit den ganzen Walnußhälften dekorieren.

Brunnenkresse-salat mit Bärlauch

Zutaten

100 g junge Brunnenkresse,
6 junge Bärlauchblätter,
4 Orangen,
2 Scheiben Weißbrot,
4 EL Salatmayonnaise,
2 EL Orangensaft,
Pfeffer,
Salz,
6 - 8 dünne Scheiben magerer Frühstücksspeck,
3 EL Sonnenblumenöl

Zubereitungszeit: 30 Minuten

EW	F	KH	kcal/kJ
4 g	23 g	14 g	283/1189

Brunnenkresseblättchen von den Stielen abzupfen und waschen. Vier Bärlauchblätter in schmale Längsstreifen schneiden. Orangen schälen und filetieren. Weißbrotscheiben in kleine Würfel schneiden.
Aus Salatmayonnaise, 2 feingehackten Bärlauchblättern, Orangensaft und Gewürzen ein Dressing rühren.
Den Speck in einer beschichteten Pfanne goldbraun braten. Öl in einer weiteren Pfanne erhitzen, Brotwürfel darin rösten. Salat auf Tellern anrichten und Dressing dazugeben.
Mit Weißbrot- und Speckwürfeln bestreuen.

Mein Tip
Brunnenkresse kann gut durch Lollo Rosso ersetzt werden, Bärlauch durch Schnittlauch oder das Grüne von Frühlingszwiebeln.

Champignonsalat

Zutaten

400 g große, helle Champignons,
4 hartgekochte Eier,
je 100 g blaue und
grüne Weintrauben,
50 g ganze Haselnußkerne,
Zitronenmelisse zum Garnieren

Für die Curry-Mayonnaise:
1 große Orange,
1 Becher Vollmilchjoghurt,
100 g Salatmayonnaise
(50 % Fett),
1 - 2 EL Curry,
Salz,
1 EL Zucker

Zubereitungszeit: 30 Minuten

EW	F	KH	kcal/kJ
16 g	25 g	22 g	400/1885

Champignons trocken abreiben oder kurz kalt waschen. In Scheiben schneiden. Hartgekochte Eier in einem Eierschneider sechsteln. Weintrauben halbieren und entkernen. Haselnüsse grob in Scheiben schneiden.

Für die Curry-Mayonnaise Orange auspressen. Joghurt, Mayonnaise und Orangensaft mit Curry verrühren, mit Salz und Zucker abschmecken.

Alle Zutaten mit der Curry-Mayonnaise in einer großen Schüssel locker vermengen. Mit Zitronenmelisse garniert servieren.

Feldsalat mit Käse und Beeren

Zutaten

250 g Feldsalat,
100 g Bergkäse,
5 EL Himbeeren, tiefgekühlt

Für das Dressing:
2 EL Obstessig,
2 EL Himbeersirup,
1/2 TL Salz, Zucker,
Pfeffer aus der Mühle

Zubereitungszeit: 20 Minuten

EW	F	KH	kcal/kJ
8 g	8 g	8 g	139/584

Feldsalat gründlich putzen und waschen, Bergkäse in feine Streifen schneiden. Himbeeren auftauen lassen.

Aus Obstessig, Himbeersirup, Salz, Zucker und Pfeffer ein Dressing bereiten.

Bergkäsestreifen und aufgetaute Himbeeren über den abgetropften Feldsalat verteilen.

Das Dressing über den Salat gießen und vorsichtig untermengen.

Mein Tip

Wenn ab Juli die Beerensaison beginnt, können die tiefgekühlten Himbeeren sehr gut durch frische ersetzt werden.

Feiner Hähnchenbrustsalat

Zutaten

500 g Hähnchenbrustfilets,
Salz, weißer Pfeffer,
3 EL Öl,
1 Babyananas,
2 Orangen,
1 Netzmelone,
1 Chicorée,
75 g Brunnenkresse

Für die Mayonnaise:
4 EL Mayonnaise (40 %),
100 g saure Sahne,
1 Bd. Kerbel, Zitronensaft,
Salz, weißer Pfeffer

Zubereitungszeit: 30 Minuten

EW	F	KH	kcal/kJ
33 g	14 g	36 g	409/1712

Hähnchenbrustfilets würzen und in heißem Öl von jeder Seite ca. 4 Minuten goldbraun braten.
Ananas schälen und in Stücke schneiden. Orangen filetieren und den Saft auffangen.
Melone halbieren, entkernen und mit einem Kugelausstecher das Fruchtfleisch aus den Hälften lösen. Melonenkugeln mit dem Orangensaft marinieren.
Chicorée in einzelne Blätter zerteilen, mit der Brunnenkresse waschen und beides gut abtropfen lassen.
Mayonnaise und saure Sahne verrühren. Die abgezupften Kerbelblättchen unterrühren und mit Zitronensaft, Salz und Pfeffer abschmecken.
Hähnchenbrust in Scheiben schneiden und mit dem Obst, dem Salat und der Kresse auf einer großen Platte anrichten.
Etwas Kerbelmayonnaise in die Mitte geben, den Rest extra dazu servieren.

Tomaten-Zucchini-Salat

Zutaten

1 große Zucchini (400 g),
2 EL Öl,
400 g Tomaten,
500 g Mozzarella

Für das Dressing:
4 EL Öl,
Saft von 1/2 Zitrone,
Salz,
Pfeffer aus der Mühle,
1 feingehackte Knoblauchzehe,
2 EL gehackte gemischte Kräuter

Zubereitungszeit: 30 Minuten

EW	F	KH	kcal/kJ
30 g	36 g	6 g	470/1966

Die gewaschene Zucchini in Scheiben hobeln.
Öl erhitzen und die Zucchinischeiben von beiden Seiten kurz darin anbraten.
Tomaten und Mozzarella in Scheiben schneiden.
Zucchini-, Tomaten- und Mozzarellascheiben abwechselnd in eine Form schichten.
Die Dressingzutaten verrühren und über Gemüse und Mozzarella träufeln.
Tomaten-Zucchini-Salat vor dem Servieren für kurze Zeit durchziehen lassen.

Rucola-Salat

Zutaten

250 g Rucola,
1 Möhre,
1 Zwiebel,
2 hartgekochte Eier,
100 g Camembert
(60 % Fett i.Tr.),
4 Scheiben Toastbrot

Für das Dressing:
150 g Sahne,
Saft von 1/2 Zitrone,
Salz, weißer Pfeffer
aus der Mühle

Zubereitungszeit: 20 Minuten

EW	F	KH	kcal/kJ
10 g	19 g	23 g	309/1298

Rucola unter kaltem Wasser abbrausen und abtropfen lassen.
Möhre schälen und in dünne Scheiben schneiden.
Zwiebel schälen und in feine Ringe schneiden. Eier in Scheiben, Camembert in Streifen teilen.
Eischeiben auf vier Teller verteilen und die vorbereiteten Salatzutaten darauf anrichten.
Für das Dressing die Sahne cremig rühren. Mit Zitronensaft, Salz und Pfeffer abschmecken und über den Salat geben.
Zum Rucola-Salat frisch getoastetes Weißbrot reichen.

Mein Tip
Besonders erfrischend wird der Rucola-Salat mit Orange. Dazu 1 Orange filetieren, den Saft auffangen und unter das Dressing rühren.
Die Orangenfilets ganz zum Schluß über den angerichteten Salat verteilen.

Paprikasalat mit Schafskäse

Zutaten

2 rote Paprikaschoten,
1 gelbe Paprikaschote,
4 Stangen Bleichsellerie,
300 g Schafskäse,
1 große rote Zwiebel

Für das Dressing:
6 EL Pflanzenöl,
3 EL Balsamico-Essig,
1/2 TL Ahornsirup,
weißer Pfeffer, Salz,
1 EL gehackte gemischte Kräuter

Zubereitungszeit: 20 Minuten
Zeit zum Durchziehen:
15 Minuten

EW	F	KH	kcal/kJ
15 g	17 g	5 g	237/995

Gemüse putzen und waschen.
Paprikaschoten fein würfeln.
Bleichsellerie in dünne Scheiben schneiden.
Schafskäse in mundgerechte Stücke zerteilen. Rote Zwiebel schälen und fein würfeln.
Für das Dressing Öl, Essig und Ahornsirup verquirlen und mit Pfeffer und Salz abschmecken. Die Kräuter unterrühren.
Alle Salatzutaten mit dem Dressing mischen.
Paprikasalat mit Schafskäse vor dem Servieren ca. 15 Minuten durchziehen lassen.

Mein Tip
Eine ganz besondere Note erhält der Salat, wenn Sie den Käse gratinieren. Dazu das Gemüse in eine feuerfeste geölte Form geben, mit Schafskäse belegen und unter dem Grill überbacken, bis der Käse zerläuft. Mit Dressing begießen und servieren.

Caramba-Salat

Zutaten

1 Dose Mais (300 g),
1 Avocado,
1 EL Zitronensaft,
3 Tomaten,
100 g Feldsalat,
12 küchenfertige Scampi,
2 EL Knoblauchöl

Für die Vinaigrette:
1 Zwiebel,
1 Knoblauchzehe,
2 EL Zitronensaft,
Salz,
Pfeffer,
Zucker,
Chilipulver,
2 EL Walnußöl

Zubereitungszeit: 30 Minuten

EW	F	KH	kcal/kJ
54 g	27 g	24 g	589/2473

Mais abtropfen lassen.
Avocado halbieren. Kern entfernen, Fruchtfleisch vorsichtig mit einem Löffel herausheben, in Würfel schneiden und mit Zitronensaft beträufeln.
Tomaten ebenfalls in Würfel schneiden.
Feldsalat putzen, waschen und gut abtropfen lassen.
Scampi in erhitztem Knoblauchöl braten.
Für die Vinaigrette Zwiebel fein würfeln, Knoblauchzehe hacken und beides mit Zitronensaft verrühren. Zitronensauce mit Salz, Pfeffer, Zucker und Chilipulver scharf abschmecken. Walnußöl unterschlagen und Vinaigrette mit Mais, Avocado und Tomaten vermischen.
Feldsalat am Tellerrand arrangieren und den Maissalat in die Mitte geben.
Salat mit gebratenen Scampi garnieren und sofort servieren.

Chicorée-Rohkost

(für 2 Personen)

Zutaten

2 Chicorée,
1 großer Apfel,
1 Orange,
2 EL Zitronensaft,
3 EL Sahne,
1 TL Zucker,
1 Prise Salz,
1 EL gemahlene Haselnüsse,
4 EL zarte Haferflocken

Zubereitungszeit: 15 Minuten

EW	F	KH	kcal/kJ
7 g	13 g	34 g	141/592

Den Chicorée säubern, Strunk ausschneiden und wie den Apfel und die geschälte Orange fein schneiden.

Salat mit dem Zitronensaft mischen. Sahne, Zucker und Salz hinzufügen und abschmecken. Die gemahlenen Haselnüsse mit den Haferflocken unter die Mischung ziehen.

Salate zum Sattwerden

Emmentaler-Tartelettes

Zutaten

Für den Teig:
200 g Mehl,
100 g kalte Butter,
1 Eigelb,
1/2 TL Salz,
Butter für die Förmchen

Für die Füllung:
2 Eier,
150 g Sahne,
200 g Allgäuer Emmentaler,
Salz, Pfeffer

Für das Dressing:
4 EL Rotweinessig,
1 TL Senf,
Salz,
Pfeffer,
8 EL Öl

Für den Salat:
1/2 Kopf Eichblattsalat,
1/2 Kopf Novita-Salat oder Romanasalat,
1 Bd. Rucola,
250 g Tomaten,
100 g Linsen- oder Radieschensprossen

Zubereitungszeit: 60 Minuten
Vorbereitungszeit: 25 Minuten
Kühlzeit: 60 Minuten

EW	F	KH	kcal/kJ
27 g	83 g	41 g	1030/4236

Aus den Teigzutaten einen Mürbeteig kneten, zu einer Kugel formen und in Folie eingewickelt 1 Stunde kalt stellen.
In der Zwischenzeit für die Füllung Eier und Sahne verquirlen. Den Emmentaler Käse reiben, unter die Eiersahne heben und mit Pfeffer und Salz würzen.
Vier Tartelette-Förmchen großzügig ausbuttern.
Den gekühlten Teig in vier Portionen teilen, ausrollen und die Förmchen damit auslegen. Füllung auf den Teig geben. Förmchen in den kalten Backofen stellen und bei 200 Grad etwa 30 Minuten backen, bis der Käse leicht gebräunt ist.
Für das Dressing die Zutaten mischen und das Öl zuletzt unterschlagen.
Salat waschen und zerkleinern, geputzte Tomaten achteln, Sprossen abbrausen.
Salatzutaten in eine große Schüssel geben, mit dem Dressing übergießen und vorsichtig miteinander mischen.
Die fertig gebackenen Tartelettes aus den Förmchen heben, mit dem Salat auf Tellern anrichten und servieren.

Kidneybohnensalat „Red Sun“

Zutaten

2 Dosen Kidneybohnen,
1 Friséesalat,
150 g durchwachsener Speck,
100 g Sonnenblumenkerne,
1 Apfel,
1 Zwiebel,
1 Bd. Schnittlauch

Für das Dressing:
4 EL Sonnenblumenöl,
3 EL Sherryessig,
Salz, Pfeffer

Zubereitungszeit: 20 Minuten

EW	F	KH	kcal/kJ
13 g	47 g	14 g	534/2233

Die Kidneybohnen mit kaltem Wasser abspülen und abtropfen lassen.
Den Friséesalat waschen, putzen und kleinschneiden.
Den Speck sehr fein würfeln und in einer Pfanne anrösten. Sonnenblumenkerne dazugeben und mitrösten, bis sie goldbraun sind.
Apfel schälen, würfeln und die Zwiebel sehr fein schneiden. Schnittlauch in feine Röllchen zerteilen.
In einer großen Schüssel den Friséesalat anrichten, Kidneybohnen, Zwiebel- und Apfelwürfel darauf verteilen.
Kidneybohnensalat mit den Sonnenblumenkernen und dem Speck garnieren.
Die Dressingzutaten verrühren und vor dem Anrichten über den Salat geben, mit Schnittlauchröllchen bestreuen.

Kartoffelsalat mit Sprossen

EW	F	KH	kcal/kJ
19 g	18 g	53 g	480/2010

Zutaten

1 kg festkochende Kartoffeln,
4 Eier,
1/2 l Gemüse-Hefebrühe,
3 EL Kräuteressig,
Pfeffer, Salz,
1 Bd. Lauchzwiebeln,
1 Bd. Radieschen,
3 EL Sonnenblumenkerne,
50 g Sprossen,
einige Salatblätter

Für das Dressing:
300 g saure Sahne,
2 EL Zitronensaft,
2 EL Senf,
Salz,
Pfeffer

Zubereitungszeit: 60 Minuten

Kartoffeln waschen und in ca. 25 Minuten gar kochen. Die Eier ca. 8 Minuten kochen. Beides kalt abschrecken, schälen und abkühlen lassen.
Brühe und Essig aufkochen, mit Pfeffer und Salz würzen. Über die Kartoffeln gießen und 30 Minuten ziehen lassen.
Lauchzwiebeln und Radieschen kleinschneiden. Die Sonnenblumenkerne rösten.
Die Zutaten für das Dressing verrühren und mit den Kartoffeln, Lauchzwiebeln, Radieschen und Sprossen mischen. Nochmals abschmecken.
Eier halbieren und zusammen mit dem Kartoffelsalat auf Salatblättern anrichten.
Vor dem Servieren mit Sonnenblumenkernen bestreuen.

Spaghetti-Salat mit Garnelen

Zutaten

12 Garnelen,
Pfeffer,
125 ml Sojasauce,
200 g Spaghetti,
Öl zum Anbraten

Für die Soja-Ingwer-Mayonnaise:
2 Eigelb,
Zitronensaft,
Salz, Pfeffer,
2 - 3 EL Sojasauce,
200 ml Öl,
frischer Ingwer (nach Belieben),
1 Eiweiß

Zubereitungszeit: 40 Minuten

EW	F	KH	kcal/kJ
25 g	56 g	19 g	679/2840

Die Garnelen mit Pfeffer würzen und ca. 20 Minuten in der Sojasauce marinieren.
Für die Soja-Ingwer-Mayonnaise Eigelb mit Zitronensaft, Salz, Pfeffer und Sojasauce verquirlen. Das Öl tropfenweise unter ständigem Rühren dazugeben, bis eine Emulsion entsteht. Die Ingwerwurzel schälen, fein reiben und die Mayonnaise nach Belieben mit Ingwer abschmecken.
Das Eiweiß mit 1 Prise Salz sehr steif schlagen und ganz vorsichtig unter die Mayonnaise ziehen.
Spaghetti nach Packungsanweisung zubereiten. Garnelen aus der Marinade nehmen, mit Küchenkrepp gut abtupfen und in einer Pfanne mit sehr heißem Öl von beiden Seiten scharf anbraten.
Gebratene Garnelen mit der Mayonnaise und den Spaghetti anrichten.
Dazu schmeckt ein Glas gut gekühlter Prosecco.

Bohnen-Käse-Salat

Zutaten

500 g frische Bohnen,
Salz,
4 Tomaten,
1 Zwiebel,
250 g Camembert (55 % Fett i.Tr.),
1/2 Tasse Mais,
50 g durchwachsener Speck,
1 EL Butter

Für das Dressing:
150 g Sahne,
1 - 2 Knoblauchzehen,
Salz, weißer Pfeffer

Zubereitungszeit: 40 Minuten

EW	F	KH	kcal/kJ
20 g	33 g	14 g	436/1824

Die Bohnen putzen, waschen und brechen. In wenig Salzwasser in 20 Minuten bißfest garen, abtropfen und auskühlen lassen.
Tomaten halbieren, in dünne Scheiben schneiden. Die Zwiebel würfeln. Den Camembert in mundgerechte Stücke schneiden.
Die Salatzutaten mit den Maiskörnern vorsichtig vermischen.
Den Speck würfeln, in der heißen Butter kurz anbraten und über den Salat verteilen.
Für das Dressing die Sahne cremig rühren. Mit den gepreßten Knoblauchzehen, Salz und Pfeffer abschmecken und über den Salat träufeln.

Nudelsalat mit Räucherforelle

Zutaten

200 g Korkenzieher-Nudeln,
Salz,
1 TL Öl,
je 1 gelbe und rote Paprika,
200 g geräuchertes Lachsforellenfilet,
125 g Mozzarella,
Dill, Selleriekraut,
250 g Ciabatta-Brot

Für das Dressing:
2 EL Traubenkernöl,
Saft von 1/2 Zitrone,
weißer Pfeffer

Zubereitungszeit: 30 Minuten

EW	F	KH	kcal/kJ
29 g	14 g	75 g	526/2200

Nudeln in reichlich Salzwasser mit Öl „al dente" kochen, abgießen, kalt abbrausen und erkalten lassen.
Inzwischen Paprikaschoten putzen, halbieren und in feine Scheiben schneiden.
Forellenfilets in mundgerechte Stücke und Mozzarella in Scheiben zerteilen.
Paprika, Forellenfilets und Mozzarella unter die Nudeln mischen.
Aus Öl und Zitronensaft ein Dressing bereiten, mit Pfeffer abschmecken und unter den Nudelsalat heben.
Salat auf vier Tellern anrichten. Mit Dill und Selleriekraut bestreuen und zusammen mit Ciabatta-Brot servieren.

Mein Tip
Erwärmen Sie das Lachsforellenfilet im Backofen und geben es zerkleinert – noch warm – über den Nudelsalat.

Balkan-Salat mit Bananen

Zutaten

2 mittelgroße Bananen,
2 EL Rotweinessig,
je 100 g rote, gelbe und grüne Paprikaschoten,
4 TL frisch gehackte Kräuter (Basilikum, Thymian, Schnittlauch, Petersilie, Estragon),
100 g Hüttenkäse

Zubereitungszeit: 15 Minuten

EW	F	KH	kcal/kJ
4 g	2 g	13 g	83/349

Bananen in Scheiben schneiden und in Rotweinessig marinieren.
Paprikaschoten in sehr feine Streifen schneiden. Mit den Kräutern zusammen zu den Bananenscheiben geben. Alles vorsichtig mischen.
Vor dem Servieren den Hüttenkäse in die Mitte füllen.

Mein Tip
Leinsamen-Knäckebrot ist der ideale Begleiter zum Balkan-Salat. Als Getränk paßt ein ungarischer Rotwein.

Linsensalat mit Roastbeef

Zutaten

250 g Linsen,
1 Lorbeerblatt,
Kräutersalz,
grober Pfeffer,
400 g Roastbeef,
2 EL Speiseöl,
1 kleiner Eichblattsalat oder Frisée,
4 mittelgroße Tomaten

Für das Dressing:
2 mittelgroße Zwiebeln,
1 Knoblauchzehe,
1 EL Speiseöl,
6 EL Essig,
1 TL Senf,
4 EL gehackte Petersilie,
Kräutersalz,
Pfeffer,
4 EL kaltgepreßtes Rapsöl

Zubereitungszeit: 40 Minuten
Einweichzeit: über Nacht

EW	F	KH	kcal/kJ
41 g	36 g	37 g	649/2726

Linsen gründlich in einem Sieb abbrausen und in 1 1/4 l Wasser über Nacht einweichen. Mit Einweichwasser, Lorbeerblatt, Kräutersalz und Pfeffer zum Kochen bringen und 15 Minuten garen – die Linsen sollten noch Biß haben. Im Sud erkalten lassen.
Roastbeef von Haut und Fett befreien, mit Salz und Pfeffer würzen und in Öl von allen Seiten gut anbraten. Abkühlen lassen.
Für das Dressing Zwiebeln und Knoblauchzehe abziehen und fein würfeln. Speiseöl erhitzen, Zwiebeln darin glasig dünsten und abkühlen lassen. Essig, Senf, Petersilie, Knoblauch, Kräutersalz, Zwiebelwürfel und Pfeffer verrühren und Rapsöl unterschlagen.
Linsen abtropfen lassen, mit dem Dressing mischen und gut durchziehen lassen. Salat waschen, trockentupfen, in Blätter teilen, Roastbeef in dünne Scheiben schneiden. Salatblätter und Roastbeefscheiben mit Linsensalat auf Tellern anrichten.
Die Tomaten waschen, achteln oder zu Rosen schneiden und die Salatteller damit garnieren. Dazu schmeckt ein Glas Burgunder.

Winzersalat

Zutaten

1 großer Romanasalat,
4 Scheiben Weißbrot,
40 g Butter,
1 Knoblauchzehe,
2 EL Allgäuer Bergkäse

Für das Dressing:
100 ml saure Sahne,
1 EL Traubenkernöl,
2 EL Weißweinessig,
1 Knoblauchzehe,
Salz, gemahlener Pfeffer,
Paprikapulver, edelsüß,
1 EL Schnittlauchröllchen

Zubereitungszeit: 20 Minuten

EW	F	KH	kcal/kJ
8 g	17 g	25 g	290/1218

Romanasalat erst in einzelne Blätter teilen, dann in mundgerechte Stücke zupfen.
Für das Dressing saure Sahne, Traubenkernöl und Essig in eine Schüssel geben und eine geschälte Knoblauchzehe durch die Presse dazudrücken. Mit Salz, Pfeffer und Paprikapulver nach Belieben abschmecken und mit dem Schnittlauch mischen.
Das Weißbrot in Würfel (1 x 1 cm) schneiden.
Butter in einer Pfanne erhitzen und die Würfel darin bei mittlerer Hitze von allen Seiten knusprig braten. Eine zerdrückte Knoblauchzehe dazugeben.
Den Salat unter die Sauce mengen, die Brotwürfel darübergeben und mit dem geraspelten Allgäuer Bergkäse bestreuen.
Kurz vor dem Servieren nochmals mischen.

Fritierter Käse auf Salat

Zutaten

125 g gemischte Sprossen,
1 Kopf Pflücksalat,
2 Tomaten,
1 Apfel

Für das Dressing:
4 EL Öl,
3 EL Obstessig,
2 EL Wildpreiselbeeren,
Salz, Pfeffer,
Zucker

Für den Teig:
125 g Mehl,
2 EL Öl,
8 EL Bier,
2 Eiweiß,
300 g Tilsiter,
etwas Mehl zum Wenden

Zum Fritieren:
750 g Butterschmalz

Zubereitungszeit: 40 Minuten

EW	F	KH	kcal/kJ
32 g	56 g	28 g	835/3500

Sprossen abspülen und Salat kleinschneiden. Tomaten entkernen und in Achtel teilen. Den Apfel ebenfalls in feine Achtelscheiben schneiden.
Die Zutaten für das Dressing verrühren, über den Salat geben und untermengen.
Für den Teig Mehl, Öl und Bier verrühren.
Das Eiweiß steif schlagen und unter den Teig heben.
Den Käse in Streifen schneiden und erst in Mehl, dann im Teig wenden. Im heißen Fett portionsweise goldgelb fritieren.
Fritierte Käsestreifen auf dem Salat anrichten.

Spätzlesalat mit Schollenfilet

Zutaten

480 g Schollenfilet,
Salz, Pfeffer,
200 g gelbe Spätzle,
200 g Spinatspätzle,
50 g Lauch,
50 g Möhren,
50 g Sellerie

Für das Dressing:
150 ml Traubenkernöl,
100 ml Balsamico-Essig,
1 gepreßte Knoblauchzehe,
etwas Fischfond (vom Pochieren)

Zubereitungszeit: 60 Minuten

EW	F	KH	kcal/kJ
23 g	28 g	50 g	528/2218

Die Schollenfilets in schräge Streifen schneiden, mit Salz und Pfeffer würzen und kurz pochieren. Den Sud aufbewahren.
Gelbe Spätzle zusammen mit Spinatspätzle kochen, abschütten und gut abtropfen lassen.
Lauch, Möhren und Sellerie in feine Würfel schneiden und kurz blanchieren. Gemüse in Eiswasser abschrecken.
Alle Zutaten für das Dressing miteinander verrühren, mit den Salatzutaten locker mischen. Spätzlesalat nochmals abschmecken und anrichten.

Mein Tip
Frisches Basilikum ergänzt das Dressing perfekt. Doch Vorsicht vor getrocknetem Basilikum. Es hat einen völlig anderen Geschmack als frisches und eignet sich eher für das Würzen von Suppen und Eintöpfen.

Reis-Auberginen-Salat

Zutaten

150 g Naturreis,
2 kleine Auberginen,
Salz,
Öl zum Braten,
200 g Schafskäse,
100 g Zuckerschoten,
2 Tomaten,
1 Bd. Lauchzwiebeln

Für das Dressing:
9 EL Olivenöl,
3 EL Weißweinessig,
2 EL mittelscharfer Senf,
Salz, Pfeffer

Zubereitungszeit: 50 Minuten

EW	F	KH	kcal/kJ
12 g	37 g	17 g	452/1893

Den Reis kochen und abschrecken. Die Auberginen würfeln, salzen und 10 Minuten ziehen lassen. In einem Küchentuch ausdrücken und mit etwas Öl in einer beschichteten Pfanne braten. Den Schafskäse zerbröckeln. Die Zuckerschoten putzen und 2 Minuten blanchieren. Die Tomaten vierteln, entkernen und würfeln. Die Lauchzwiebeln in Ringe schneiden.
Die Zutaten für das Dressing kräftig verrühren und mit dem Reis, dem Gemüse und dem Schafskäse vermengen.

Lammsalat „Dakota“

Zutaten

100 g Sonnenblumenkerne,
100 g gekochte Gerste,
400 g ausgelöste Lammkeule,
etwas Olivenöl, Salz, Pfeffer,
100 g Rucola,
250 g Kirschtomaten

Für das Dressing:
2 EL Weißweinessig,
2 TL Senf,
Salz, Pfeffer, Zucker,
6 EL Olivenöl,
2 EL gehackte frische Pfefferminze,
1 EL gehacktes Basilikum

Zubereitungszeit: 30 Minuten

EW	F	KH	kcal/kJ
30 g	30 g	20 g	510/2120

Die Sonnenblumenkerne in einer Pfanne ohne Fett goldbraun rösten, abkühlen lassen und 2/3 davon mit der gekochten Gerste vermischen.
Für das Dressing alle Zutaten der Reihenfolge nach gut miteinander verschlagen. Einen Teil davon unter die Gerste-Sonnenblumenkerne-Mischung geben. Durchziehen lassen. Die Lammkeule in kleinere Stücke teilen. Im erhitzten Olivenöl rosa braten, ruhen lassen und in dünne Scheiben schneiden. Mit Salz und Pfeffer würzen. Rucola und Tomaten putzen und waschen. Die Tomaten je nach Größe halbieren oder vierteln.
Rucola und Tomaten auf vier Tellern dekorativ verteilen und die Gerste-Sonnenblumenkerne-Mischung dazugeben. Darauf das Lammfleisch legen und alles mit Dressing beträufeln.
Zum Schluß mit den restlichen Sonnenblumenkernen bestreuen.

Beilagen
& Rohkost

Rohkostsalat mit Champignons

Zutaten

2 - 3 verschiedene Blattsalate (z.B. Römersalat, Frisée, Radicchio, Chicorée),
150 g Champignons,
1 Bd. Radieschen,
1 Apfel,
2 Stiele Bleichsellerie,
100 g Sprossen (z.B. Alfalfa, Weizen etc.)

Für die Vinaigrette:
1 Fleischtomate,
1 Bd. Schnittlauch,
1 Schalotte,
1 EL Honig,
6 EL Apfelessig,
8 EL kaltgepreßtes Öl,
Salz,
Pfeffer

Zubereitungszeit: 40 Minuten

EW	F	KH	kcal/kJ
8 g	15 g	18 g	250/1060

Salatblätter in mundgerechte Stücke pflücken. Champignons trocken abreiben und wie die Radieschen in dünne Scheiben schneiden. Apfel und Sellerie in dünne Stifte schneiden.
Für die Vinaigrette Tomate häuten und vierteln. Die Kerne entfernen und das Fruchtfleisch fein würfeln. Den Schnittlauch in feine Röllchen schneiden und die Schalotte fein würfeln. Die übrigen Saucenzutaten verrühren. Schnittlauch, Zwiebel- und Tomatenwürfel dazugeben.
Alle Salatzutaten in einer großen Schüssel mischen und mit der Vinaigrette vermengen. Sprossen darüberstreuen und servieren.

Sommersalat

Zutaten

1 gelbe Paprikaschote,
2 Tomaten,
1 kleine Zucchini,
2 Fenchelknollen,
100 g Novita-Salat,
50 g Rucola, 250 g Mozzarella,
2 kleine Chicorée-Stauden,
2 EL Weißweinessig,
2 EL Olivenöl,
Salz, Pfeffer aus der Mühle

Zubereitungszeit: 20 Minuten

EW	F	KH	kcal/kJ
17 g	17 g	4 g	229/955

Gemüse und Salat gründlich putzen und waschen.
Paprika in Streifen teilen, Tomaten vierteln, Zucchini und Fenchel in Scheiben schneiden.
Novita- und Rucolasalat in mundgerechte Stücke zupfen.
Mozzarella in dünne Scheiben schneiden.
Alle vorbereiteten Zutaten in eine Schüssel geben.
Chicorée halbieren, vom Strunk befreien und den Rand der Salatschüssel damit garnieren.
Aus Essig und Öl ein Dressing bereiten, mit Gewürzen nach Belieben abschmecken und über den Salat geben.

Mein Tip
Soll der Salat erst einige Zeit nach der Zubereitung serviert werden, sollte mit der Zugabe des Dressings bis kurz vor dem Verzehr gewartet werden – sonst fällt der Salat zusammen.

French-Dressing
(für 200 g vorbereiteten Blattsalat oder gemischten Salat)

Zutaten

2 - 3 EL Weißweinessig,
2 TL Dijonsenf,
1 Schalotte,
Salz, Pfeffer aus der Mühle,
4 EL Maiskeimöl

Zubereitungszeit: 10 Minuten

Weißweinessig und Senf glattrühren. Schalotte schälen, in kleine Würfel schneiden und mit Salz und Pfeffer dazugeben. Öl unterrühren.

EW	F	KH	kcal/kJ
1 g	30 g	1 g	282/1184

Tomatensauce

Zutaten

2 EL Sherryessig,
2 EL Rotwein,
1 - 2 TL Tomatenmark,
Salz, Pfeffer aus der Mühle,
1 Prise Zucker,
4 EL Olivenöl,
2 Zweige Basilikum

Zubereitungszeit: 10 Minuten

Sherryessig und Rotwein mit Tomatenmark, Salz, Pfeffer, Zucker und Öl glattrühren. Feingehacktes Basilikum dazugeben.

EW	F	KH	kcal/kJ
1 g	30 g	1 g	282/1184

Apfel-Kartoffel-Salat

Zutaten

500 g festkochende Kartoffeln,
1 Tasse Fleischbrühe,
4 Äpfel, 100 g Edamer,
1 Bd. Frühlingszwiebeln

Für das Dressing:
1 Knoblauchzehe, 1 EL Senf,
1 EL Majoranblättchen,
1/2 TL Zucker,
3 EL Weißweinessig, Salz, Pfeffer,
8 EL Öl

Für die Dekoration:
1/2 Kistchen Kresse,
3 EL geröstete Sonnenblumenkerne

Zubereitungszeit: 40 Minuten

EW	F	KH	kcal/kJ
11 g	24 g	27 g	369/1542

Kartoffeln waschen, in der Schale weich kochen, abschrecken und pellen. In Scheiben schneiden und mit heißer Fleischbrühe begießen.
Geschälte Äpfel in Würfel schneiden. Edamer in Streifen und Frühlingszwiebeln in feine Ringe zerteilen.

Für das Dressing den Knoblauch durch eine Presse drücken und mit den restlichen Saucenzutaten vermengen. Den Salat vorsichtig mit dem Dressing mischen.
Als Dekoration Kresse und Sonnenblumenkerne verwenden.

Mein Tip
Wenn Sie beim Rühren des Dressings das Öl zuletzt zugeben, lösen sich Salz und Zucker besser auf.

Sojasaucen-Dressing

Zutaten

1 Knoblauchzehe,
2 Eigelb,
3 - 4 EL Sojasauce,
1 schwach gehäufter EL Zucker,
1 TL Salz,
1 - 2 TL Senf,
75 ml Apfelessig,
75 ml Instantbrühe,
300 ml Öl,
Pfeffer

Zubereitungszeit: 15 Minuten

EW	F	KH	kcal/kJ
6 g	79 g	6 g	752/3149

Den Knoblauch schälen und zusammen mit den restlichen Zutaten mit dem Mixstab pürieren, bis ein homogenes Dressing entstanden ist.

Mein Tip
Das Dressing eignet sich auch sehr gut als Dip für frisches rohes Gemüse (z.B. Staudensellerie, Möhren, Paprikastreifen, Kohlrabi etc.).

Pikanter Chinakohlsalat

Zutaten

1 Kopf Chinakohl, 1 EL Salz

Für die Marinade:
2 Knoblauchzehen,
2 Frühlingszwiebeln,
100 ml Sojasauce,
125 ml Weißweinessig,
feingeriebener Ingwer (nach Belieben), 1 EL Zucker,
1 TL scharfe Chilipaste

Zubereitungszeit: 15 Minuten
Zeit zum Durchziehen: 2 - 3 Stunden
Marinierzeit: 24 Stunden

EW	F	KH	kcal/kJ
1 g	30 g	1 g	282/1184

Die einzelnen Blätter des Chinakohls lösen, waschen und in nicht zu feine Streifen schneiden. Die Kohlstreifen mit dem Salz kräftig kneten und 3 - 4 Stunden durchziehen lassen. Für die Marinade Knoblauch schälen, mit der Presse gut zerdrücken. Die Frühlingszwiebeln fein schneiden und mit den restlichen Marinadenzutaten gut vermischen. Den sorgfältig ausgedrückten Kohl in die Marinade geben und gut vermengen. Chinakohl mindestens 24 Stunden marinieren.

Rotkohlsalat

Zutaten

1 säuerlicher Apfel,
Saft von 1/2 Zitrone,
1/2 Kopf Rotkohl (ca. 500 g),
80 g Champignons,
1 kleine Zwiebel

Für das Dressing:
1 TL Honig,
4 EL Apfelessig,
Salz, Pfeffer,
5 - 6 EL Sonnenblumenöl

Zubereitungszeit: 20 Minuten

EW	F	KH	kcal/kJ
3 g	13 g	20 g	215/905

Den Apfel in Stifte schneiden. Apfelstifte mit dem Zitronensaft beträufeln, damit sie nicht braun werden.
Die äußeren Blätter vom Rotkohl entfernen, Kohl fein hobeln. Champignons in Scheiben schneiden, Zwiebel hacken.
Die Zutaten für das Dressing zusammen mit den Zwiebelstücken verrühren. Apfelstifte, gehobelten Rotkohl und Champignonscheiben in eine Schüssel geben. Das Dressing dazugeben und mit den Salatzutaten vermischen.

Mein Tip
Dazu paßt Roggenbrot mit Butter.
Wer es noch delikater mag, der wählt Rotkohlsalat als Beilage zu kalter, geräucherter Entenbrust oder Stücke von kaltem Gänsebraten.
Als Getränk eignet sich ein roter Badischer Wein.

Bunter Salat

Zutaten

100 g Eisbergsalat,
50 g Brunnenkresse,
100 g Salatgurke,
100 g Radieschen,
50 g Champignons,
2 Eier

Für das Dressing:
1 Beutel Kräuter-Salat-Gewürzmischung,
6 EL süße Sahne,
Salz,
Pfeffer

Zubereitungszeit: 30 Minuten

EW	F	KH	kcal/kJ
6 g	10 g	4 g	136/571

Eisbergsalat und Brunnenkresse putzen und waschen. Eisbergsalat zerpflücken. Salatgurke schälen und in Scheiben schneiden. Radieschen und Champignons putzen, waschen und in Scheiben schneiden. Eier hart kochen, pellen und achteln.
Für das Dressing Gewürzmischung mit der Sahne verrühren und über die Salatzutaten geben. Vorsichtig durchmischen und nach Belieben mit Salz und Pfeffer abschmecken.

Kohlrabi-Möhren-Rohkost

Zutaten

3 Kohlrabi, 6 Möhren,
6 Frühlingszwiebeln,
400 g gegrillte Geflügelbrust (ausgelöst und ohne Haut),
6 EL Sonnenblumenkerne

Für die Marinade:
4 EL Crème fraîche,
200 g Naturjoghurt,
Salz, Pfeffer,
4 EL feingehackte Minze

Zubereitungszeit: 25 Minuten

EW	F	KH	kcal/kJ
33 g	19 g	15 g	370/1548

Das Gemüse putzen und waschen. Kohlrabi und Möhren grob raspeln. Frühlingszwiebeln in dünne Ringe schneiden. Die Geflügelbrust fein würfeln. Sonnenblumenkerne in einer beschichteten Pfanne ohne Fett rösten.
Crème fraîche mit dem Joghurt verrühren und würzen. Zuletzt die Minze und 3 EL geröstete Sonnenblumenkerne unterrühren.
Rohkost und Geflügelbrustwürfel auf vier Tellern anrichten. Das Dressing jeweils in die Mitte geben. Mit den Frühlingszwiebeln und den restlichen Sonnenblumenkernen bestreuen.

Salatsaucen mit Brottrunk

Schnittlauchsauce

Zutaten

150 g Sahne,
1/8 l Brottrunk,
1 Bd. Schnittlauch,
1 feingehackte Knoblauchzehe,
1 Msp. Senf,
Salz, Pfeffer aus der Mühle,
etwas Zitronensaft

Zubereitungszeit: 10 Minuten

EW	F	KH	kcal/kJ
6 g	10 g	4 g	136/571

Die Sahne cremig rühren und erst danach mit dem Brottrunk gut vermengen.
Schnittlauch waschen und in feine Röllchen schneiden. Den Großteil des Schnittlauchs und den Knoblauch unter die Sauce rühren.
Mit Senf, Salz, Pfeffer und Zitronensaft abschmecken und mit den restlichen Schnittlauchröllchen garnieren.

Mein Tip
Schnittlauchsauce schmeckt zu Tomatensalat und gemischten Salaten.

Kräutersauce

Zutaten

150 g Sahne,
1/8 l Brottrunk,
1 Zwiebel,
1 Knoblauchzehe,
Salz, Pfeffer aus der Mühle,
2 TL Enzym-Ferment Getreide,
1 Bd. frische Kräuter
(Petersilie, Schnittlauch,
Dill, Kerbel)

Zubereitungszeit: 15 Minuten

EW	F	KH	kcal/kJ
6 g	10 g	4 g	136/571

Die Sahne cremig rühren und erst dann mit dem Brottrunk vermengen. Zwiebel und Knoblauchzehe schälen, fein hacken und an die Sauce geben.
Mit Salz, Pfeffer und Enzym-Ferment Getreide würzen. Die frischen Kräuter fein hacken und unter die Sauce heben.

Mein Tip
Kräutersauce schmeckt zu grünen und gemischten Salaten.

Gesunde Ernährung

Brottrunk:
Die Herstellung erfolgt durch fermentative Vergärung von Vollkornbrot. Das dazu verwandte Getreide stammt ausschließlich aus biologischem Anbau. Brottrunk, aus der flüssigen Gärphase gewonnen, enthält eine spezielle Milchsäure, die nur von Brotsäurebakterien gebildet werden kann. Die Darmflora wird durch die Milchsäurebakterien positiv beeinflußt.

Enzym-Ferment Getreide:
Enzym-Ferment Getreide wird ebenfalls bei der Vergärung von Vollkornbrot, aus der festen Gärsubstanz, gewonnen. Es enthält wertvolle Milchsäuren.

Knoblauchsauce

Zutaten

150 g saure Sahne,
5 EL Brottrunk,
2 TL Enzym-Ferment Getreide,
1 kleine Zwiebel,
1 Knoblauchzehe,
Salz, Pfeffer aus der Mühle,
1 EL Zitronenmelisse

Zubereitungszeit: 10 Minuten

EW	F	KH	kcal/kJ
6 g	10 g	4 g	136/571

Die saure Sahne mit dem Brottrunk verquirlen und das Enzym-Ferment Getreide unterrühren. Zwiebel und Knoblauchzehe schälen, fein hacken und in die Sauce geben. Mit Salz und Pfeffer pikant abschmecken und mit Zitronenmelisse bestreut servieren.

Partysnacks & Brotzeiten

Fruchtiger Käsesalat

Zutaten

1 Apfel,
1 Birne,
1 Orange,
200 g rote und weiße Trauben,
20 g Walnüsse,
20 g Cashewnüsse,
200 g Sahnebrie (60 % Fett i.Tr.)

Für das Dressing:
150 g Sahne,
Saft von 1 Orange,
1 TL Zucker,
1/2 TL Curry,
1 Msp. Zimt

Zubereitungszeit: 20 Minuten

EW	F	KH	kcal/kJ
12 g	34 g	27 g	646/1949

Apfel und Birne jeweils in schmale Stücke schneiden. Orange schälen und filetieren. Trauben halbieren, evtl. Kerne entfernen. Das Obst auf vier Tellern anrichten, die Nüsse darüberstreuen. Sahnebrie in mundgerechte Stükke schneiden und über den Salat verteilen.
Für das Dressing Sahne cremig rühren, Orangensaft und Zucker dazugeben. Mit dem Schneebesen gut verrühren. Mit Curry und Zimt pikant abschmecken. Sauce über den Salat geben.

Mein Tip
Dazu paßt frisch aufgebackenes Mehrkorn-Baguette.

Lachssalat

Zutaten

2 Limonen,
500 g Lachsfilet,
Salz, weißer Pfeffer,
2 EL Pflanzenöl,
100 g Rucola,
2 kleine Avocados,
4 Stangen Bleichsellerie,
2 Tomaten

Für die Mayonnaise:
3 EL Mayonnaise (50 %),
150 g Crème fraîche,
Salz,
Pfeffer,
1 Bd. Dill

Zubereitungszeit: 30 Minuten

EW	F	KH	kcal/kJ
32 g	37 g	8 g	502/2055

Limonen heiß waschen, die Schale abreiben und Saft auspressen.
Lachs abspülen, trockentupfen und in mundgerechte Stücke schneiden. Mit der Hälfte des Limonensaftes beträufeln, salzen und pfeffern. Die Lachsstücke in heißem Öl ca. 5 Minuten dünsten.
Rucola putzen und gut abtropfen lassen. Avocados schälen, halbieren und den Stein entfernen. Die in Scheiben geschnittene Avocado mit dem restlichen Limonensaft beträufeln. Bleichsellerie in Stifte schneiden. Tomaten halbieren, entkernen und fein würfeln.
Den Lachs mit den übrigen Salatzutaten auf Tellern anrichten.
Mayonnaise mit Crème fraîche und Limonenschale glattrühren. Mit Salz und Pfeffer nach Belieben abschmecken. Zum Schluß den feingehackten Dill unterrühren. Etwas Mayonnaise über den Salat geben, den Rest extra dazureichen.

Äpfel mit Dips

(für 8 Personen)

Zutaten

1,5 kg verschiedene Apfelsorten,
600 g gemischter Käse, z.B. Emmentaler, Camembert,
300 g roher und gekochter Schinken,
300 g geräucherte Putenbrust

Für den Avocado-Dip:
2 Avocados,
2 EL Zitronensaft,
Salz, Pfeffer, Cayennepfeffer

Für den Krabben-Dip:
250 g Krabben,
1 EL Zitronensaft,
150 g Crème fraîche,
Salz, Pfeffer, Tabasco,
1 TL gehackter Dill

Für den Schinken-Dip:
250 g Magerquark,
2 EL Crème fraîche,
100 g knusprig gebratene Schinkenwürfel,
1 TL Tomatenmark,
Pfeffer,
frisches Basilikum

Für die Vinaigrette:
2 hartgekochte Eier, gewürfelt,
4 EL Apfelessig,
2 EL Kapern,
2 EL gemischte gehackte Kräuter, tiefgekühlt,
1 TL mittelscharfer Senf,
8 EL kaltgepreßtes Öl

Für den Saure-Sahne-Dip:
1 Bd. Rucola,
1 Becher saure Sahne,
Salz, Pfeffer

Zubereitungszeit: 60 Minuten

EW	F	KH	kcal/kJ
39 g	39 g	219 g	620/2580

Für den Avocado-Dip Avocados halbieren und Steine entfernen. Fruchtfleisch mit einem Löffel aus der Schale heben und mit einer Gabel zerkleinern. Avocadocreme mit Zitronensaft, Salz, Pfeffer und Cayennepfeffer pikant abschmecken.

Für den Krabben-Dip Krabben abspülen, kleinschneiden, mit Zitronensaft beträufeln. Mit Crème fraîche, Salz, Pfeffer, Tabasco und gehacktem Dill vermischen.

Für den Schinken-Dip Magerquark mit Crème fraîche, Schinkenwürfeln und Tomatenmark verrühren. Mit Pfeffer und Basilikumstreifen würzen.

Für die Vinaigrette Eierwürfel mit Apfelessig, Kapern, gehackten Kräutern, Senf und kaltgepreßtem Öl verrühren.

Für den Saure-Sahne-Dip den Rucola gut abbrausen und hacken, mit saurer Sahne verrühren und mit Salz und Pfeffer abschmecken.

Äpfel, Käse, Schinken und Putenbrust zusammen mit den Dips auf einer großen Tafel anrichten. Dazu gemischte Brotsorten oder Pizzabrot reichen.

Rohkostplatte mit Dips

Zutaten

je 1 rote, gelbe und grüne Paprikaschote,
3 Möhren,
1 Zucchini,
1 Chicorée,
150 g Cocktailtomaten,
4 Stangen Staudensellerie

Für den würzigen Dip:
100 g Mayonnaise,
1 EL Tomatenmark,
einige Spritzer Tabasco,
Salz, Pfeffer

Für den Kräuter-Dip:
100 g Mayonnaise,
4 EL gehackte gemischte Kräuter,
Zitronensaft,
Salz, Pfeffer

Zubereitungszeit: 30 Minuten

EW	F	KH	kcal/kJ
4 g	26 g	17 g	324/1360

Für die Rohkostplatte Paprikaschoten halbieren, entkernen, waschen und längs in Streifen schneiden. Möhren schälen und wie die Zucchini längs in fingerdicke, ca. 10 cm lange Streifen schneiden. Chicorée putzen, waschen und Strunk herausschneiden. Blätter je nach Größe längs halbieren. Cocktailtomaten waschen. Staudensellerie putzen, waschen und in ca. 10 cm lange Stücke schneiden. Rohkost auf einer Platte anrichten und mit Sellerieblättern garnieren.
Für den würzigen Dip die Mayonnaise mit Tomatenmark verrühren und mit Tabasco, Salz und Pfeffer pikant abschmecken.
Für den Kräuter-Dip Mayonnaise mit Kräutern verrühren. Mit Zitronensaft, Salz und Pfeffer pikant abschmecken.
Die Dips zur Rohkostplatte reichen.

Mein Tip
Auch Salatcracker, Chips und Käsestangen passen gut zu den Dips.

Wurstsalat

Zutaten

500 g Fleischwurst,
200 g grüne Bohnen,
Salz,
2 Zucchini (200 g),
1 rote Paprikaschote,
1/2 Dose Gemüsemais,
1 kleiner Kopf Friséesalat,
1 Bd. Schnittlauch

Für das Dressing:
je 3 TL Senf, Essig, Öl,
nach Belieben Salz, Pfeffer,
Zucker

Zubereitungszeit: 30 Minuten

EW	F	KH	kcal/kJ
20 g	37 g	16 g	498/2091

Fleischwurst enthäuten und in Scheiben schneiden. Bohnen putzen und in leicht gesalzenem Wasser ca. 15 Minuten garen. Abgießen und in Stücke schneiden. Zucchini waschen, längs in dünne Scheiben schneiden. Paprikaschote putzen, waschen, fein würfeln. Mais abtropfen lassen.
Gemüse und Wurst mischen.
Alle Zutaten für das Dressing verrühren.
Frieséesalat säubern und zerteilen, unter die Wurst und das Gemüse mengen. Dressing darübergeben und mit Schnittlauchröllchen bestreuen.

Thunfisch-Spaghetti-Salat

Zutaten

250 g Gabelspaghetti, Salz,
4 Frühlingszwiebeln,
250 g Kirschtomaten,
1 Dose Thunfisch im eigenen Saft

Für das Dressing:
3 EL Rotweinessig,
4 EL Olivenöl,
schwarzer Pfeffer aus der Mühle,
1 Knoblauchzehe

Zubereitungszeit: 25 Minuten

EW	F	KH	kcal/kJ
15 g	18 g	47 g	415/1740

Gabelspaghetti in kochendem Salzwasser nach Packungsanleitung garen. Eiskalt abschrecken und gut abtropfen lassen.

Frühlingszwiebeln in feine Ringe schneiden. Kirschtomaten halbieren und mit den Zwiebelringen in eine Schüssel geben.

Den Thunfisch in kleine Stücke teilen und zusammen mit den Gabelspaghetti zum Gemüse geben. Die Zutaten für das Dressing zu einer cremigen Sauce verrühren. Knoblauch dazupressen. Die Sauce über den Salat gießen und mischen; nachwürzen.

Gartensalat mit Ei

Zutaten

1 kleiner Kopfsalat,
4 gelbe Paprikaschoten,
2 Stengel Bleichsellerie,
2 Fenchelknollen,
1 Bd. Radieschen,
500 g Tomaten,
2 große Scheiben Weißbrot,
4 hartgekochte Eier

Für das Dressing:
250 g Joghurt, fettarm,
0,1 l Brottrunk,
Schnittlauch,
Petersilie,
Salz,
Pfeffer

Zubereitungszeit: 30 Minuten

EW	F	KH	kcal/kJ
18 g	9 g	27 g	273/1142

Salat waschen, in Stücke zupfen und trockenschleudern.
Gemüse waschen und putzen.
Paprika in Streifen, Bleichsellerie und Fenchel in Stücke, Radieschen in Scheiben und Tomaten in Achtel schneiden.
In vier Salatschüsseln anrichten.
Weißbrotscheiben toasten, in Würfel schneiden und über den Salat geben.
Gartensalat mit in Scheiben geschnittenen Eiern garnieren.
Aus Joghurt und Brottrunk ein Dressing zubereiten. Mit Kräutern und Gewürzen abschmecken und über den Salat geben.

Kerniger Rucola

Zutaten

300 g Rucola,
3 Orangen,
80 g kernige Haferflocken,
2 EL Sonnenblumenkerne,
100 g geriebener Parmesan

Für das Dressing:
3 EL Balsamico-Essig,
4 EL Orangensaft,
1 Prise Zucker,
Salz, Pfeffer

Zubereitungszeit: 15 Minuten

EW	F	KH	kcal/kJ
18 g	13 g	34 g	325/1360

Rucola waschen, abtrocknen und kleinzupfen. Orangen schälen, in mundgerechte Stücke teilen und mit dem Rucola mischen.
Für das Dressing Essig mit Orangensaft sowie Zucker, Salz und Pfeffer glattrühren. Über den Salat gießen und mit den Haferflocken sowie Sonnenblumenkernen und Parmesan bestreut servieren.

Matjes-Kartoffel-Salat

Zutaten

500 g Kartoffeln,
Salz,
2 Äpfel,
8 Matjesfilets,
3 Gewürzgurken,
1 Eisbergsalat,
2 rote Zwiebeln,
1 Bd. Schnittlauch,
5 Kirschtomaten

Für die Sauce:
2 Becher Crème fraîche
(à 125 g),
100 g Sahne,
4 EL Öl,
Saft von 1/2 Zitrone,
Salz,
Pfeffer

Zubereitungszeit: 40 Minuten

EW	F	KH	kcal/kJ
32 g	81 g	40 g	1029/4322

Kartoffeln waschen, sauber bürsten und in Salzwasser ca. 25 bis 30 Minuten dämpfen, schälen, abkühlen lassen. Kartoffeln in Würfel schneiden.
Äpfel waschen und in Würfel, Matjesfilets und Gewürzgurken in Streifen schneiden. Alles in eine Schüssel geben.
Für die Sauce Crème fraîche, Sahne, Öl und Zitronensaft verrühren, mit Salz und Pfeffer würzen und unter die vorbereiteten Salatzutaten mischen.
Eisbergsalat in feine Streifen schneiden und ringförmig auf Tellern verteilen. Den Matjes-Kartoffel-Salat in die Mitte geben.
Zwiebeln in Ringe, Schnittlauch in Röllchen schneiden und Kirschtomaten vierteln.
Alles dekorativ auf dem Salat verteilen.

Tomatensalat

Zutaten

600 g Tomaten,
1/2 Bd. Schnittlauch,
1/2 Tasse Maiskörner

Für das Dressing:
1 kleine Zwiebel,
1 zerdrückte Knoblauchzehe,
150 g Sahne,
2 EL Zitronensaft,
Salz, Pfeffer

Zubereitungszeit: 20 Minuten

EW	F	KH	kcal/kJ
3 g	12 g	11 g	167/701

Tomaten achteln, Schnittlauch in kleine Röllchen schneiden, Maiskörner zugeben und in einer Schüssel leicht vermischen.
Für das Dressing Zwiebel schälen und sehr fein hacken. Geschälte Knoblauchzehe zerdrücken. Beides zur Sahne geben und cremig rühren. Sauce kräftig mit Zitronensaft, Salz und Pfeffer abschmecken und über den Salat gießen.
Gut durchziehen lassen.

Gurkensalat

Zutaten

1 große Salatgurke

Für das Dressing:
150 g Sahne,
Saft von 1/2 Zitrone,
Salz, weißer Pfeffer,
1/2 Bd. Dill

Zubereitungszeit: 15 Minuten

EW	F	KH	kcal/kJ
2 g	12 g	3 g	125/525

Salatgurke schälen und halbieren. Das Innere der Hälften entfernen und die Gurke in kleine Stücke schneiden.

Sahne für das Dressing cremig rühren und fein mit den Gewürzen abschmecken. Den feingeschnittenen Dill einrühren.

Sahne-Dressing gut durchziehen lassen und über die Gurken geben. Gurkensalat mit einigen Dillfähnchen servieren.

Salate raffiniert

Geflügel-Gemüse-Salat

Zutaten

500 g gemischtes Gemüse, tiefgekühlt,
Salz,
500 g Hähnchenbrust,
3 EL Öl,
Pfeffer, Currypulver

Für die Sauce:
2 rote Zwiebeln,
1 Knoblauchzehe,
1/2 Bd. Schnittlauch,
150 g saure Sahne,
150 g Joghurt,
2 EL Essig,
Currypulver, Salz, Pfeffer

Zubereitungszeit: 15 Minuten
Garzeit: 15 Minuten
Zeit zum Durchziehen: 30 Minuten

EW	F	KH	kcal/kJ
33 g	7 g	12 g	259/1088

Gemüse in kochendem Salzwasser ca. 7 Minuten bißfest garen, abgießen und abkühlen lassen.
Hähnchenbrust abspülen, trokkentupfen. Öl in einer Pfanne erhitzen. Fleisch darin von beiden Seiten ca. 7 Minuten braten, mit Salz, Pfeffer und Curry würzen. In grobe Würfel schneiden und abkühlen lassen.
Für die Sauce Zwiebeln und Knoblauch schälen. Zwiebeln halbieren und in Streifen schneiden. Knoblauch zerdrücken. Schnittlauch in Röllchen schneiden. Saure Sahne mit Joghurt, Knoblauch, Essig, Curry, Salz und Pfeffer verrühren. Zwiebelstreifen und Schnittlauch untermengen.
Gemüse und Hähnchenbrust vermischen, Salatsauce darübergießen. Geflügel-Gemüse-Salat vor dem Servieren ca. 30 Minuten ziehen lassen.

Reissalat mit Scampi

Zutaten

100 g Langkorn-Reis,
100 g Scampi,
1 Orange, 100 g Erdbeeren,
2 Stangen Bleichsellerie,
250 g Mozzarella,
1 Avocado,
Saft von 1/2 Zitrone,
Pfeffer, Salz,
Pflanzenöl

Zubereitungszeit: 40 Minuten

EW	F	KH	kcal/kJ
10 g	15 g	24 g	276/1155

Reis nach Packungsanleitung zubereiten.
Scampi in kochendem Salzwasser garen, anschließend aus der Schale lösen.
Orange schälen und filetieren. Erdbeeren in feine Scheiben, die Bleichselleriestangen mit dem Grün in kleine Stücke, Mozzarella in Streifen schneiden.
Avocado längs halbieren und vorsichtig vom Kern lösen. Mit dem Kugelausstecher aus dem Fruchtfleisch Kügelchen herauslösen und diese sofort mit Zitronensaft beträufeln.
Alles vorsichtig unter den Reis heben. Nach Belieben mit Pfeffer und Salz abschmecken und/oder etwas Pflanzenöl für die Geschmeidigkeit hinzufügen.

Pikanter Obstsalat

Zutaten

400 g Hähnchenbrustfilet,
Salz, weißer Pfeffer,
3 EL Pflanzenöl,
250 g Erdbeeren,
2 Kiwis,
1 Mango,
1 kleiner Romanasalat

Für das Dressing:
1 kleine Chilischote,
1 Bd. Zitronenmelisse,
5 EL Pflanzenöl,
1 TL Honig,
Saft von 1 Zitrone,
1 TL Senf

Zubereitungszeit: 25 Minuten

EW	F	KH	kcal/kJ
25 g	21 g	24 g	251/1048

Fleisch abspülen, trockentupfen, würzen und in Öl von jeder Seite ca. 4 Minuten goldbraun braten. Erdbeeren vierteln. Kiwis schälen und in Scheiben schneiden. Das Fleisch der Mango vom Stein lösen und in dünne Scheiben schneiden. Vom Romanasalat 4 Blätter ganz lassen, den Rest in feine Streifen teilen.
Hähnchenbrustfilet in Scheiben schneiden.
Auf eine Salatplatte zunächst den kleingeschnittenen Romanasalat geben, darauf die ganzen Blätter, Fleisch und Obst dekorativ anrichten.
Für das Dressing Chilischote entkernen und in feine Ringe schneiden. Zitronenmelisse in feine Streifen schneiden. Öl mit Honig, Zitronensaft und Senf verrühren. Chilischote und Zitronenmelisse zufügen. Das Dressing mit Salz und Pfeffer abschmecken und über den Salat verteilen.

Spargelsalat mit Entenbrust

Zutaten

2 mittelgroße Entenbrustfilets,
Salz,
Pfeffer aus der Mühle,
300 g weißer Spargel,
300 g grüner Spargel,
250 g Erdbeeren,
1 kleiner Kopf Friséesalat,
2 EL gebräunte Mandelblättchen,
rosa Pfeffer

Für das Dressing:
1 unbehandelte Orange,
1/2 Bd. Minze,
3 EL Mayonnaise (80 %),
150 g Schmand,
Salz,
Pfeffer

Zubereitungszeit: 40 Minuten

EW	F	KH	kcal/kJ
6 g	14 g	18 g	227/953

Entenbrustfilets in einer beschichteten Pfanne mit der Hautseite beginnend von jeder Seite ca. 7 Minuten braten, salzen und pfeffern. Leicht abkühlen lassen.
Weißen Spargel ganz, vom grünen Spargel nur das untere Ende schälen. Spargel in 3 - 4 cm lange Stücke schneiden, in wenig kochendes Salzwasser geben und ca. 7 Minuten garen. Spargel kalt abschrecken. Erdbeeren in Scheiben schneiden. Frisée in mundgerechte Stücke zupfen.
Für das Dressing Orange heiß waschen und die Schale in feine Streifen raspeln. Minze in dünne Streifen schneiden. Beides mit Mayonnaise und Schmand verrühren. Sauce mit 3 - 4 EL Orangensaft, Salz und Pfeffer abschmecken.
Entenbrustfilets in Scheiben schneiden und mit den restlichen Salatzutaten auf Tellern anrichten. Etwas Dressing darübergeben und den Rest in einer Sauciere dazureichen. Den Salat mit Mandelblättern und rosa Pfeffer bestreut servieren.

Radicchio-Salat mit Shrimps

Zutaten

80 g Radicchio,
1 kleiner, grüner Apfel,
2 Kiwis,
100 g Shrimps

Für das Dressing:
1 Beutel Joghurt-Kräuter-Gewürzmischung,
1 Becher Joghurt,
1 EL gemahlene Haselnüsse

Zubereitungszeit: 20 Minuten

EW	F	KH	kcal/kJ
5 g	4 g	10 g	110/462

Radicchio putzen, waschen und zerpflücken.
Apfel schälen und in Stücke schneiden. Kiwis schälen und in Scheiben schneiden.
Für das Dressing die Gewürzmischung mit Joghurt und gemahlenen Haselnüssen verrühren.
Apfelstücke und Kiwischeiben mit den Shrimps auf Tellern anrichten. Die Joghurtsauce über dem Radicchio-Salat verteilen.

Warmer Nudelsalat mit Huhn

Zutaten

500 g Spiralnudeln,
300 g breite Bohnen,
1 Chilischote,
1/2 Bd. Koriander,
1 Bd. Schnittlauch,
2 Hühnerbrüstchen,
3 EL Sonnenblumenöl,
3 EL Sojasauce,
Saft von 1 Zitrone

Zubereitungszeit: 30 Minuten

EW	F	KH	kcal/kJ
37 g	33 g	95 g	873/3655

Spiralnudeln nach Anleitung kochen, heiß abspülen und abtropfen lassen.
Bohnen in feine, schräge Streifen und Chilischote in Ringe schneiden. Den Koriander zupfen und den Schnittlauch in feine Röllchen schneiden. Die Bohnenstreifen 2 Minuten blanchieren und abschrecken.
Hühnerbrüstchen ca. 10 Minuten in 1 EL Öl braten, danach in mundgerechte Stücke zerteilen.
Alle Zutaten mit dem restlichen Öl mischen und mit Sojasauce und Zitronensaft abschmecken.

Käse-Obst-Salat

Zutaten

1/2 Kopf Bataviasalat,
300 g mittelalter Gouda,
300 g gebratenes Hähnchenfleisch,
2 saftige Birnen,
2 Frühlingszwiebeln,
100 g Walnußkerne

Für das Dressing:
150 g Joghurt,
2 EL Senf,
2 EL Rotweinessig,
Pfeffer,
etwas Salz,
1/2 TL Estragon (getrocknet oder frisch)

Zubereitungszeit: 30 Minuten

EW	F	KH	kcal/kJ
42 g	39 g	15 g	601/2524

Bataviasalat waschen und grob zerpflücken. Gouda in 1 1/2 cm große Würfel, das abgekühlte gebratene Hähnchenfleisch in gleichmäßige Scheiben schneiden. Birnen ebenfalls quer in Scheiben schneiden. Die Frühlingszwiebeln in Röllchen teilen.
Käse, Fleisch, Birnen und Frühlingszwiebeln mit den Walnußkernen mischen und auf dem Bataviasalat anrichten.
Alle Dressingzutaten verrühren und über den Käse-Obst-Salat verteilen.

Mein Tip
Leichter wird der Salat, wenn er mit Essig, Öl und Gewürzen angemacht wird.

Bohnensalat mit Birne

Zutaten

250 g Brechbohnen,
Salz,
1 Dose weiße Bohnen (475 ml),
4 Tomaten,
2 Birnen,
125 g magerer durchwachsener Speck,
6 EL Pflanzenöl,
3 EL Weißweinessig,
schwarzer Pfeffer aus der Mühle,
1/2 Bd. Majoran

Zubereitungszeit: 25 Minuten
Zeit zum Durchziehen: 20 Minuten

EW	F	KH	kcal/kJ
6 g	70 g	13 g	690/2900

Brechbohnen putzen, waschen, halbieren und in kochendem Salzwasser ca. 10 Minuten garen. Abgießen und sofort kalt abschrecken, damit die Bohnen schön grün bleiben.

Die weißen Bohnen gut abtropfen lassen. Tomaten entkernen und in Stücke schneiden. Birnen vierteln und in Scheiben schneiden. Speck fein würfeln und in einer Pfanne knusprig braun auslassen. Speckwürfel und -fett mit Öl und Essig verrühren. Abschmecken und den feingehackten Majoran unterheben.

Alle Zutaten mit dem Speckdressing mischen und ca. 20 Minuten durchziehen lassen.

Pastasalat mit Huhn und Mango

Zutaten

200 g grüne Bandnudeln,
Salz,
2 doppelte gebratene Hühnerbrustfilets (300 g),
1 reife Mango,
200 ml Joghurt-Salat-Creme (Fertigprodukt),
Saft von 1 Zitrone,
Pfeffer,
2 EL geröstete Sesamsaat,
2 Chicorée,
1/2 Bd. Schnittlauch

Zubereitungszeit: 30 Minuten

EW	F	KH	kcal/kJ
16 g	23 g	48 g	485/2035

Nudeln in Salzwasser „al dente“ kochen, kalt abschrecken und abtropfen lassen.

Die erkalteten Hühnerbrüstchen quer halbieren und in Streifen schneiden.

Die Mango schälen, das Fruchtfleisch zur Hälfte in Scheiben schneiden. Die andere Hälfte kleinschneiden und zusammen mit Joghurt-Salat-Creme und dem Zitronensaft pürieren.

Die Hälfte der Sesamsaat unter das Püree mengen, mit Salz und Pfeffer würzen.

Den Chicorée in einzelne Blätter teilen, waschen und auf vier Teller je einen halben Stern legen.

Nudeln mit 2/3 des Hühnerfleisches und der Sauce vermischen, auf die Teller verteilen.

Restliche Mango- und Hühnerbruststreifen darauf anrichten, mit Sesam bestreuen und mit Schnittlauch garnieren. Dazu passen kleine Brötchen aus Pizzateig.

Gefüllte Avocados

Zutaten

1 kleine küchenfertige Forelle,
je 1 rote, grüne und gelbe Paprikaschote,
2 kleine Zwiebeln,
1 EL Zitronensaft,
Salz, Pfeffer,
Petersilie nach Belieben

Für die Sauce:
4 Avocados,
Saft von 1/2 Zitrone,
100 g Sahne,
7 EL Milch,
Salz, grober Pfeffer

Zubereitungszeit: 40 Minuten

EW	F	KH	kcal/kJ
13 g	52 g	15 g	629/2642

Forelle säubern, kalt abspülen und trockentupfen. Paprikaschoten fein würfeln. Zwiebeln in feine Ringe schneiden. Paprikawürfel und Zwiebelringe in wenig Wasser kurz dünsten, beides gut abtropfen lassen.
Zitronensaft und Salz ins Kochwasser geben und Forelle darin ca. 10 bis 12 Minuten zugedeckt bei schwacher Hitze garen. Herausnehmen, abtropfen lassen. Kopf und Schwanz entfernen, Haut abziehen und entgräten. Filets in kleine Stücke schneiden.
Für die Sauce Avocados halbieren. Kerne entfernen und Avocadofleisch bis auf 1/2 Zentimeter Rand herauslösen und mit etwas Zitronensaft beträufeln. Ausgelöstes Avocadofleisch mit Sahne und Milch pürieren und mit Salz, Pfeffer und Zitronensaft abschmecken.
Forelle, Paprika und Zwiebeln mischen, mit Salz und Pfeffer würzen und in die Avocadohälften geben. Nach Wunsch gefüllte Avocados mit etwas Sauce und Petersilie garnieren und mit der Sauce servieren.

Der perfekte Gastgeber

Wer gerne Gäste einlädt, weiß eine gute und rechtzeitige Zusammenstellung des Speiseplans sehr zu schätzen.
Und etwas darf dabei auf keinen Fall vergessen werden: der Salat.

Egal ob sich der Gastgeber für eine ungezwungene Party mit Büfett oder ein stilvolles Essen an der festlich gedeckten Tafel entscheidet – der Salat hat seinen festen Platz!

Salate für das festliche Menü

Hier steht der Salat im wahrsten Sinne des Wortes an erster Stelle, mit ihm kann ein mehrgängiges Menü bestens eröffnet werden. Die Wahl des Salates sollte vom Hauptgericht abhängig gemacht werden. Gibt es in der Folge einen Braten, bieten sich leichte Salate an, zum Beispiel:

- Spinatsalat mit Äpfeln und Nüssen (Seite 15)
- Pikanter Chinakohlsalat (Seite 39)

Besteht der Hauptgang aus einem Fischgericht, sorgen raffinierte Salate mit Fisch oder Meeresfrüchten als Vorspeise bereits für Appetit auf mehr ... Wie wäre es beispielsweise mit:

- Spaghetti-Salat mit Garnelen (Seite 28)
- Lachssalat (Seite 44)

Bei vegetarischen Gerichten kann der Salat als Vorspeise ruhig etwas „gehaltvoller" sein. Zum Beispiel:

- Reis-Auberginen-Salat (Seite 32)
- Kartoffelsalat mit Sprossen (Seite 27)

Salate für die Party

Bei einer Party sollte die Salatauswahl „bunt" gemischt sein: mit und ohne Fleisch oder Fisch, leichte Blattsalate, sättigende Mischsalate.
Folgende Salatklassiker sollten aber auf keinen Fall fehlen:

- Wurstsalat (Seite 46)
- Pikanter Obstsalat (Seite 53)

Bei Blattsalaten ist es ratsam, das Dressing oder die Vinaigrette extra dazu zu servieren. Als Dressings eignen sich besonders:

- French-Dressing (Seite 37)
- Kräutersauce (Seite 41)
- Schnittlauchsauce (Seite 41)

Der perfekt gedeckte Tisch

Besonders angenehm hat es der Gastgeber bei einer Party mit Büfett: Die gedeckte Tafel entfällt, dafür gibt es einen oder mehrere große Tische, auf denen die Speisen, das Geschirr, das Besteck, die Gläser und die Servietten verteilt werden. Der Gast nimmt sich selbst alles, was er benötigt, und sucht sich damit einen Platz.
Bei einer festlichen Tafel ist die freie Platzwahl eher selten, oft findet der Gast eine Tischkarte, die ihm seinen Platz zuweist. Der Eßtisch für ein Menü ist bereits komplett gedeckt.

Das Gedeck

Das Gedeck wird so angeordnet, daß sich der Gast leicht zurechtfindet. In der Mitte steht der Teller, der rechts und links sowie darüber vom Besteck umrahmt wird. Rechts vom Teller stehen zudem die Gläser, links neben dem Teller liegt die Serviette. Besteckteile und Gläser werden in der Reihenfolge ihres Gebrauchs von außen nach innen angeordnet. Bei den Gläsern steht so ganz rechts das Sherryglas (Sherry als Begleitung zur Suppe), danach kommt das Weißweinglas (Weißwein zur leichten Vorspeise), gefolgt vom Rotweinglas (Rotwein zum Hauptgericht). Wird zum Dessert Champagner serviert, steht das Champagnerglas ganz außen, links.

Da es für jeden Gang ein Besteck gibt, sieht die Besteckreihenfolge so aus: Links vom Teller liegen alle Gabeln, rechts vom Teller alle Messer. Ganz außen liegt das Messer bzw. die Gabel für die Vorspeise, gefolgt von Messer/Gabel für das Zwischengericht und Messer/Gabel für den Hauptgang. Oben über dem Teller liegt das Besteck für das Dessert.

Wer es ganz besonders feierlich mag, dekoriert die Tafel zusätzlich mit Blumen und/oder Kerzen. Dabei sollte beachtet werden, daß der Blick eines Gastes nicht durch die Tischdekoration eingeengt wird. Blumen werden daher in ein flaches Behältnis gesteckt und Kerzen in niedrige Kerzenständer.

Rezeptregister

Bild- und Textquellennachweis

Titelbild: CMA
Adam: Seite 15 unten, 16 oben, 38 oben, 39 unten, 45;
Bonduelle: Seite 2, 22;
CMA: Seite 18, 31 oben, 46 unten, 55 unten;
Deutsche Champignons: Seite 7, 17, 36 oben;
Deutscher Käse: Seite 26, 31 unten;
Deutsches Teigwareninstitut: Seite 32 oben, 47 oben, 55 oben;
Eschenbach: Seite 58 li;
The Food Professionals: Seite 4, 12/13, 24/25, 30, 48 unten, 52 oben, 57;
Grünland: Seite 11 li;
Hela Gewürzwerk: Seite 5 oben, 42/43;
Hellmann's: Seite 46 oben;
Hengstenberg: Seite 10 re, 11 re;
Hutschenreuther: Seite 58 re;
Info Bananen: Seite 29 unten;
Jenaer Glas: Seite 9 li;
Kanne Brottrunk: Seite 41, 47 unten;
Kikkoman: Seite 14, 28 oben, 38 unten, 39 oben;
Knorr GmbH: Seite 5 unten, 34/45, 37, 40 oben, 50/51, 54 unten;
Köllnflockenwerke: Seite 8 re, 23, 48 oben;
Kühne: Seite 9 re, 10 li;
Livio: Seite 15 oben, 19, 21, 44 unten, 53, 54 oben, 56 oben;
Rotkäppchen: Seite 20 unten, 28 unten, 44 oben, 49;
Saliter: Seite 8 li;
Thomy: Seite 16 unten, 32 unten, 56 unten;
USA Sonnenblumenkerne: Seite 27 oben, 27 unten, 33, 40 unten;
Zottarella: Seite 20 oben, 29 oben, 36 unten, 52 unten